M. ROUX

OU

LE MAIRE SEIZE-MAI

DE SAINT-SULPICE

1879

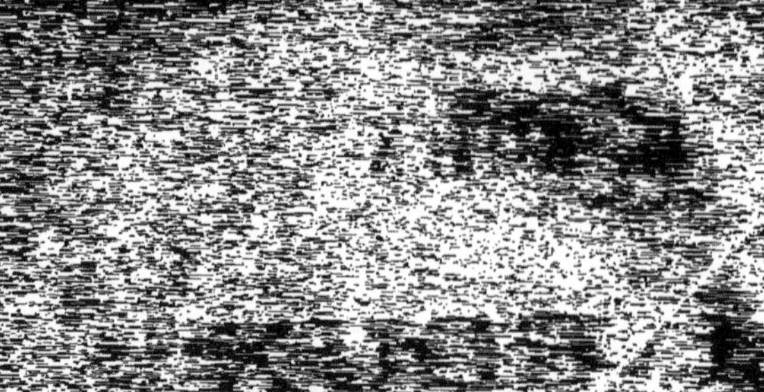

M. ROUX

OU

LE MAIRE SEIZE-MAI DE SAINT-SULPICE

Que les temps sont changés ! Naguère, Saint-Sulpice comptait un très petit nombre de républicains. Ces pauvres diables ne pouvaient faire un pas hors de leur maison sans être salués par les huées, les sifflets et les insultes grossières des bonapartistes. Le plus audacieux d'entre eux a même osé, dans un accès de frénésie haineuse, dire publiquement — c'était au 4 septembre — : « Si quelqu'un crie *vive la République*, je lui f.... un coup de f..... » Qu'a fait l'autorité pour réprimer une si honteuse intempérance de langage ? Rien. Elle a peut-être applaudi à cette menace flétrissante du plus venimeux reptile ; car le ratapoil trop zélé n'a pas été puni ; il a été même récompensé. Et c'est là cet homme qui a eu l'impudence de demander une place au râtelier de la République, dont il mange sans vergogne le pain qu'il partage entre ses chiens.... et lui !

Un autre jour, on nous brûla en effigie, sous les yeux d'une autorité trop complaisante, peut-être heureuse d'une aussi sotte pasquinade. Mais ce qui est triste à dire, c'est qu'un jeune prêtre fut l'instigateur de cette démonstration politico-religieuse. Il voulut qu'elle eût lieu devant l'église. Lui, tel qu'une araignée au centre de sa toile, dirigeait du fond de son boudoir la mise en scène de cette orgie carnavalesque. C'eût été un baume pour son cœur ulcéré de pouvoir fouler de ses pieds de bouc les cendres de cet auto-da-fé.... en carton et les jeter ensuite au vent. O charité évan-

gélique ! que tu es grande ! que tu es belle ! Que tes œuvres
sont admirables, ô sainte Inquisition !

Aujourd'hui, ces mêmes insulteurs trembloltent de frayeur
et baissent piteusement la tête, sachant bien qu'ils sont im-
puissants à faire oublier le temps où leur intolérance crimi-
nelle rendait leur audace si dangereuse. Ils grelottent de
peur, parce qu'ils voient que Saint-Sulpice semble vouloir
sortir de sa torpeur politique et suivre le progrès de la ci-
vilisation moderne. Et voilà pourquoi tous ces « *gueulards,* »
tous ces « *merles* » bonapartistes n'ont pu troubler la joie
de notre triomphe, après les élections du 5 janvier.

Au grand étonnement de leurs ennemis, les républicains
ont donné aux perturbateurs de l'ordre public l'exemple
d'une modération sans précédente dans l'histoire des peu-
ples. S'ils nous ont blessés dans nos convictions politiques,
nous, nous les avons mis dans l'impossibilité de nous accuser
d'intolérance vis-à-vis d'eux.

Ils ont eu beau battre la caisse et emboucher leur clairon
retentissant devant les trop fameux *Bulletins des Communes ;*
ils ont eu beau rire de notre impuissance en présence des
outrages orduriers et de bas étage à l'adresse de nos députés
vaincus, nous avons laissé passer leur cynique joie. Nous
avons souffert, sans doute, mais nous nous sommes résignés.
L'espoir d'un temps meilleur a soutenu notre courage, en
nous laissant entrevoir, dans un avenir prochain, une revan-
che victorieuse.

Le 30 janvier nous l'a donnée complète, écrasante. Les
bonapartistes en ont perdu l'appétit et le sommeil. Nous les
voyons aujourd'hui errer tristement dans ces mêmes rues,
témoins de leurs insolentes vociférations. La tête basse,
leurs bras ballants, le regard atone, leur démarche incer-
taine, trahissent en eux la grande frayeur que leur inspire
la République, qu'ils savent pourtant très débonnaire et
trop indulgente.

Nous avons été battus à l'époque du renouvellement du
Conseil municipal. Je ne répéterai pas ici ce que j'ai dit ail-

leurs, dans ma précédente notice sur les agissements coupables et les manœuvres répréhensibles qui ont entraîné la défaite du parti républicain. Celui-ci, toujours docile aux lois de la majorité, s'est incliné respectueusement devant le suffrage de nos concitoyens, qui ont ainsi nommé dans la direction de nos affaires des hommes profondément *entachés* de bonapartisme, c'est-à-dire des hommes hostiles au gouvernement légalement établi, et qui ne demanderaient pas mieux que de lui substituer celui d'un empire démoralisateur.

Ils sont seize conseillers, presque tous bonapartistes, tous réactionnaires, tous zélés défenseurs du Seize-Mai. Ce n'est pas tout. Comme pour braver les électeurs inconscients qui les ont nommés, ils ont choisi un chef venu le dernier sur leur liste. Je veux parler de M. Roux.

Quel est donc cet homme ? D'où vient-il ? Il en est de lui comme de bien d'autres ; l'on peut en dire beaucoup de mal et très peu de bien. On serait même tenté de s'écrier en le voyant : « Ce bloc enfariné ne me dit rien de bon. » Aussi, soit qu'on l'étudie dans sa vie privée, soit qu'on fouille dans sa carrière publique, on ne trouve en lui qu'une ambition effrénée et une hypocrisie révoltante. Il est jaloux de la prospérité d'autrui, surtout de celui qui, par son travail et par ses économies, sait grossir son modeste pécule, sans porter atteinte au bien-être de son semblable.

Eh ! mon Dieu ! qu'il jette un regard en arrière ; qu'il remonte un instant par la pensée son arbre généalogique. Il ne lui sera pas difficile de connaître son infime origine. Son aïeul fut un modeste ouvrier, allant quémander du travail dans les métairies de notre commune, et portant dans sa besace son peigne à chanvre et un morceau de pain souvent bien rassis. Si nous ajoutons que ce rude labeur n'avait pour toute rémunération que quelques deniers, nous pouvons dire assurément que l'aïeul de M. Roux appartenait à cette classe d'hommes que la noblesse d'alors désignait dédaigneusement sous le nom de *roturiers*, et que nous appelons de nos jours les *travailleurs*. D'esclaves que nous étions, la révolution de 89 nous a fait hommes libres en nivelant par le travail toutes les castes. Autrefois, le serf ne s'appartenait pas ; le roi, la noblesse et le clergé buvaient sa sueur et mangeaient son argent. Maintenant plus de servage, plus de dîme à payer. Nous travaillons pour nous-mêmes... pour nos familles, et nos intérêts ne s'en trouvent pas plus mal.

Tel fut votre aïeul, M. Roux. Descendons maintenant un peu plus bas, et demandons-nous ce que fut votre père. Nous le connaissons tous ; il était *peaucier* de son métier. Nous l'avons vu plus d'une fois aller réclamer à l'équarrisseur la dépouille d'animaux qu'il faisait sécher sans honte sur les cordes de son étendage. Sa probité dans son commerce lui a valu l'estime et la confiance de ses clients.

Donc, quoi que vous fassiez, vous êtes et serez toujours, à nos yeux, un roturier. Oh ! ne prenez pas mes paroles pour des injures — je ne cherche à blesser personne. — Vous devriez être fier, au contraire, de ce que je vous rappelle votre humble naissance.

Pour l'homme intelligent et laborieux, la roture est un solide jalon qui honore celui qui sait le planter. Celui-là arrivera, sinon à la fortune, du moins à l'estime de ses concitoyens. Vous, Monsieur, vous possédez l'une, et vous ne jouirez jamais de l'autre. Oui, vous êtes à plaindre ; mais vous auriez dû vous y attendre.

Votre instruction est bien médiocre, elle est même plus qu'insuffisante. Le séjour que vous avez fait au séminaire ne vous a point porté profit. Vous n'avez rapporté de votre pension cléricale qu'un fort mince bagage, et quelques stériles patenôtres. Il s'ensuit que vous êtes complètement illettré ; ce qui n'empêche pas vos parents de vous persuader que vous avez la science infuse.... Diable ! Seriez-vous par hasard né coiffé ? Ou bien quelque fée bienfaisante a-t-elle distillé dans votre tête la connaissance des sciences profanes et sacrées ? Que vous ayez une nymphe Egérie à votre dévotion, tout le monde le sait et nul de nous ne vous dira le contraire. Car, depuis votre apparition aux affaires, vous

avez malheureusement laissé tomber la commune en que-
nouille. Mais ceux qui vous apprécient à votre juste va-
leur — et ce que je vais dire est peu flatteur pour votre protectrice — peuvent affirmer sans grands efforts que
vous mettez mal en pratique les leçons qu'elle vous donne.
De sorte sorte qu'au lieu d'être un puits de science, votre
pauvre cervelle est un abîme profond de la plus crasse
ignorance.

Avec tous ces vices d'instruction, votre fatuité aidant,
vos aspirations psychologiques devaient rendre naturelle-
ment difficile votre entrée aux affaires publiques.

Je ne veux en analyser qu'une ; je n'ai pas besoin de vous
dire que je vais parler de votre ambition. Cet instinct prime
chez vous tous les autres. Votre père était adjoint ; il a été
par conséquent votre précurseur et a servi de marche-pied
à vos grandeurs futures.

Quand les obstacles furent applanis et les esprits prépa-
rés, il donna sa démission. Alors, joyeux, alerte, vous pûtes
entrer hardiment dans le sanctuaire des *sages* de la commune. Mais vos désirs ardents de domination, loin d'être
assouvis par un succès si prompt, si inespéré, ne firent que
redoubler d'intensité. Une fois le pied à l'étrier, votre ambition ne connut plus de bornes. La mort de M. Vilote ai-
guillonna vos appétits gloutons.... Et d'adjoint, vous êtes
devenu maire.

Doué d'une souplesse d'esprit sans égale, d'une dissimu-
lation profonde, vos câlineries félines, votre parole onc-
tueuse frappèrent d'aveuglement vos collègues, qui vous
ont nommé maire de Saint-Sulpice. Vous, vous acceptez
avec bonheur, sans vous donner la peine de réfléchir sur la
responsabilité qui incombe à ces fonctions, lesquelles sont
loin, comme vous le verrez plus tard, d'être une sinécure.

Qu'avez-vous fait alors pour vous concilier l'affection de
vos amis ? Au lieu de demander un appui à ce menu fretin
que, par dérision, on appelle *plèbe*, — et qui, certes, vous
vaut bien — vous avez eu la faiblesse — je l'ai vu de mes

propres yeux — d'ajouter à votre nom de prolétaire la par-
ticule nobiliaire. Ainsi, vous avez cru vous grandir, et vous
êtes descendu au-dessous de ce que vous êtes. C'était dire, à
n'en pas douter, à vos collègues que vous n'étiez pas pétri
de la même argile qu'eux ; et du coup, vous vous rappro-
chiez avec orgueil de la noblesse, dont vous étiez devenu
l'importun pique-assiette et le très humble valet.

En vain vous vous êtes *frotté* et *refrotté* à ses armoiries,
vous n'avez gagné à leur contact qu'un vernis douteux et
fugace, qu'un teint louche et faux. De sorte que, M. le
maire, le blason que vous poursuivez avec une ardeur fié-
vreuse se dérobe à vos efforts et fuit sans cesse loin de
vous. Tel un fantôme insaisissable dont l'image vaporeuse
est emportée par le souffle d'une brise légère... Vous ne
l'atteindrez jamais ; votre désespoir est sans doute grand,
mais que faire ? A l'impossible nul n'est tenu. Résignez-
vous ; c'est ce que vous aurez de mieux à faire. Cherchez
des exploits plus faciles et plus sérieux, l'occasion ne vous
manquera pas.

A mesure que grandissait votre amour des grandeurs,
vous élargissiez en proportion la sphère de vos intrigues.
Il est donc entendu que vous vous êtes imposé à la noblesse
du pays, et que celle-ci tolère vos courbettes obséquieuses
sans les rechercher. Votre aveuglement ne permet pas à
votre esprit mesquin d'éviter l'impasse dans laquelle vous
vous êtes engagé si maladroitement. Tant pis pour vous,
Monsieur, ce n'est pas moi, croyez-le bien, qui vous tendrai
la main pour vous en faire sortir.

Vous avez avez enfin tourné vos regards vers le clergé.
Vous attendiez avec impatience une circonstance favorable
pour lui témoigner votre dévouement et vos sympathies. On
peut même dire que vous êtes livré à lui pieds et poings
liés. Vous espériez en faire votre instrument... et vous êtes
devenu son *mannequin*.

L'arrivée de l'évêque d'Albi à Saint-Sulpice a été pour
vous un jour de fête et de triomphe. Vous avez chauffé à

blanc le zèle religieux de la population qui ne demandait pas mieux que de prendre un jour de plus de vacance au travail. Des arcs de triomphe se dressèrent comme par enchantement dans les rues que devait parcourir l'humble représentant du Christ dans cette vallée de larmes. On ne voyait aux fenêtres que festons et guirlandes, qu'oriflammes et emblèmes aux couleurs papales.

Vous, Monsieur le maire, en bon catholique, vous avez arboré sur le pignon de la commune un magnifique drapeau tricolore — vous l'eussiez préféré blanc — tout neuf, ma foi ! dont les couleurs flamboyantes rivalisaient d'éclat avec des écussons où on lisait en grosses lettres d'or : « Vive le pape-roi. » Ce jour-là, vous étiez presque coquet, presque gracieux. Vous ressembliez à un mât de cocagne au milieu de vos conseillers, heureux de partager votre joie.

Cependant, vous étiez pensif, soucieux ; vos yeux étaient rivés sur un bout de papier... Qu'était-ce donc que ce papier qui assombrissait ainsi le front de notre premier magistrat ?... Voici qui va nous donner le mot de l'énigme.

L'évêque est arrivé sous l'arc triomphal. Vous, droit, raide comme un piquet, plus pâle que le fameux papier, vous commencez en ces mots le discours suivant : « Monseigneur, c'est un honneur pour moi... pour nous... Oui, monseigneur, j'attendais... » Et voilà tout ! Notre maire voulait être orateur et n'a fait qu'un risible *fiasco*. Un bon point à M. le maire orateur !

Monsieur, vous ne vous êtes pas tenu pour battu. Le jour même, vous écriviez à un journal — et voici le piquant de l'aventure — que la réception de l'évêque avait été splendide, que le maire avait prononcé un discours avec l'éloquence que nous lui connaissons... Oh ! oh ! Pour le coup, c'est trop fort ; libre à vous, Monsieur le maire, de vous donner des coups d'encensoir sur le nez ; mais, je vous en supplie, ne faites pas vos administrés complices de votre fatuité.

Ainsi, vous le voyez, vous êtes l'enfant gâté de la For-

tune ; elle vous grise de toutes ses faveurs. La République
n'a qu'à se bien tenir, en présence d'un lutteur aussi heureux. Je suis persuadé que si le clergé ou la noblesse vous
ordonnaient de l'étrangler... Ah ! dame ! vous n'en feriez
qu'une bouchée. Infortunée République ! Croyez-vous donc
lui avoir porté un terrible coup d'estoc et de taille le jour
où, pour remplacer votre beau drapeau tricolore et éclairer,
par ordre de l'autorité supérieure, le règne de la paix et
du travail, vous avez arboré, enroulée autour de sa hampe,
une vieille défroque que des gitanos ne voudraient même
pas jeter sur leurs épaules basanées ? Mais vous n'ignorez
pas que cette sorte de gaminerie n'a pas échappé à la sévère
censure de vos supérieurs ! S'ils ne vous ont pas suspendu
de vos fonctions, c'est qu'ils ont usé d'indulgence à votre
égard. Gare à vous, s'il y a encore récidive !

Lorsqu'on n'aime pas un maître, on ne le sert pas. Pourquoi donc restez-vous au service d'un gouvernement qui
vous déplaît ? Personne ne vous retient, et vos concitoyens
se mettront en liesse quand on leur annoncera votre dé-
chéance. Grand Dieu ! que votre douleur sera grande lorsqu'il faudra dire adieu à votre écharpe adorée, écharpe,
hélas ! bien effilochée, à laquelle vous vous cramponnez en
vain avec le désespoir d'un homme qui se noie !

Dès que le Conseil municipal vous eut confié les insignes
de premier magistrat de notre ville, il ne se doutait
guère, en entendant vos paroles onctueuses, de l'ambition
comprimée qui vous dévorait. L'accord régnait entre vous
tous, en apparence du moins ; ils vous ont fait beaucoup
trop de concessions, et, vous, vous en avez abusé souvent
sans doute. C'est ce qui vous a perdu.

Alors, vous avez voulu être le maître absolu de la commune et de vos collègues. Ils vous étaient encore restés fidèles. Mais vous les avez si fort et si bien éperonnés, qu'ils
se sont raidis contre votre frein, et, d'amis qu'ils étaient,
ils vous sont devenus hostiles. Pourtant, ils ne se seraient
pas montrés féroces à votre égard. Si vous leur aviez fait

quelques avances, si vous étiez rentré franchement au ber-
cail, eh bien ! ils vous eussent tendu une main loyale.

Maintenant, disons quelques mots sur un fait assez ancien
qui caractérise vos goûts de maîtrise, l'excellence de votre
morale et la délicatesse de vos procédés. Nous arrivons na-
turellement à la question du cimetière. La Commission municipale, dont j'étais membre, étudia la question. Mais,
pour un motif que j'ai toujours ignoré, elle fut abandonnée.

Sur ces entrefaites, de nouvelles élections eurent lieu, et
la Commission républicaine fit place au Conseil actuel. Alors,
l'achat d'un terrain pour le cimetière fut étudié de nouveau,
voté et approuvé par M. le préfet.

Où allait-on donc le placer ? Sera-ce dans une pièce de
terre appartenant au maire ? Non. C'était néanmoins la
seule dans la commune qui fût, à cause de la nature de son
terrain, la plus propice aux sépultures. Vous, M. Roux,
vous fîtes une violente opposition à un projet qui entamait
votre domaine. Ici comme toujours votre intérêt privé pri-
mait celui de la commune. Vous choisîtes donc une terre
dépendante de Plaisance, que mon frère et moi nous ne vou-
lions céder qu'après expropriation.

Or, voici l'expédient peu louable que vous avez mis en
usage pour arriver à vos fins. Vous partez pour Toulouse.
Arrivé chez mon frère, vous lui demandez sa signature, qu'il
refuse. « Mais, lui dites-vous, votre frère m'a promis la
sienne... » « Oh ! Monsieur le maire, vous mentez... oui,
vous mentez effrontément ! Souvenez-vous... et gardez-vous
d'oublier que j'ai bonne mémoire et que je garde surtout un
profond et fidèle souvenir d'une insulte ou d'un bienfait. Je
ne marchanderai jamais ni la reconnaissance à l'un, ni le
châtiment à l'autre. »

Quelle imposture ! quelle imprudence ! Après avoir trompé
mon frère, vous êtes venu, Monsieur le maire, me trouver
à Lapointe avec la ferme résolution de faire une seconde
dupe. Ma signature — vous vous y attendiez — vous fut
refusée ; mais, par une déclaration écrite que vous avez ar-

rachée à mon frère, celui-ci s'engageait à vendre sa portion de terrain à la commune de Saint-Sulpice... Et j'y apposai forcément ma signature. En achetant cette terre mille francs de plus qu'elle ne valait, le Conseil a pu sauvegarder l'intégrité du domaine de son chef. Et voilà par quel procédé anti-chevaleresque a débuté le futur aspirant au blason !

Monsieur, il me serait aisé de qualifier sévèrement cet acte répréhensible ; je me contente de le porter à la connaissance de vos administrés, et d'attacher ainsi un premier fleuron à votre couronne municipale.

Tant que l'enthousiasme public qu'a fait naître l'acquisition d'un nouveau cimetière a soutenu votre joie bien éphémère, vous avez passé quelques jours heureux et tranquilles. Au contraire, du moment où, devenus plus calmes, plus réfléchis, nous nous sommes aperçus que le terrain a été payé trop cher et qu'il est tout à fait impropre aux sépultures, que la distance de l'église est considérable, qu'en hiver, à la suite des pluies abondantes, les fosses se remplissent d'eau, que les cadavres pourrissent dans un bourbier infect, alors votre popularité factice a été amoindrie ; elle n'est plus maintenant qu'une vaine fumée.

Du reste, votre esprit hyperbolique, fécond en expédients, n'a pas été embarrassé pour si peu. Qu'avez-vous donc fait ? Vous avez eu une idée lumineuse, d'une ingéniosité à nulle autre pareille. Vous avez construit une brouette grossière, sur laquelle on voiture maintenant les corps jusqu'à leur dernière demeure ; et puis un homme la pousse cahin-caha. Ce n'est pas plus mâlin que ça... Encore quelques deniers de plus à la charge de la commune ! L'invention du « *brouettage* » n'a pas produit le résultat qu'avait espéré son auteur. En effet, la besogne — on s'en est aperçu trop tard — ne laissait pas quelquefois que d'être très pénible. Pour la rendre plus facile, ô maire phénoménal, vous doublez tout simplement l'*attelage*. Deux hommes se placent donc ; l'un derrière, l'autre devant ; l'un tirant, l'autre poussant la brouette. L'un veut aller à gauche et l'autre à droite. Comme on le pense bien, on ne marche pas très vite à ce train-là, et la pompe funèbre, au lieu d'être majestueuse, grave, devient d'un burlesque révoltant.

Or, suposons — ce qui n'est pas impossible — que, pendant la marche du cortége, l'essieu vienne à se rompre ; supposons encore qu'à la suite de cet accident, le cercueil se brise et s'ouvre, supposons que le cadavre roule dans la poussière... Ha ! que de malédictions iront s'abattre sur votre tête ! et quel triste spectacle s'offrira aux regards effarés d'un père, d'une mère, d'un ami !

En présence des bévues sans nombre et des inepties dont vous agrémentez vos actes administratifs, le Conseil, se voyant si mal piloté, s'est scindé en deux partis : les inoffensifs, qui vous sont restés fidèles, et les hommes intelligents, qui n'ont pu accepter de gaieté de cœur votre morgue et vos dédains. Par conséquent, vous avez été abandonné à vous-même, et c'est sur vous seul que pèse désormais toute responsabilité dans la gestion des affaires.

Votre aveuglement, votre folle présomption vous ont empêché de voir le piége. Vous avez attribué à l'envie une mesure empreinte de sagesse et de bon sens.

Monsieur le maire, vous voulez des honneurs sans partage et des emplois sans contrôle. La fontaine de Parpase réclamait des réparations urgentes... Et, crac ! vous vous octroyez les fonctions d'architecte. Il n'est pas facile — vous le savez par expérience — de bâtir solidement. Vous élevez donc une muraille jugée nécessaire sans tenir compte ni de la déclivité des terres, ni des infiltrations souterraines, ni de la poussée lente mais toujours progressive du terrain. Si vous aviez demandé conseil au moindre apprenti maçon, vous vous en seriez bien trouvé. Mais non, fort de votre science, vous allez de l'avant, malgré les avis sérieux et désintéressés que l'on vous donne sur la solidité douteuse de la bâtisse. A tous ceux qui vous en parlent, vous répondez par un haussement d'épaules qui signifie : « Allez vous prome-

ner ; vous n'entendez rien à ces choses-là... » Et patatras !
Un jour, la muraille s'écroule, à votre grande surprise. Fort
heureusement, il n'y a eu que des dégâts matériels, et une
lavandière a échappé par miracle à l'écrasement de la toi-
ture. Allons ! vite, Saint-Sulpice, reconstruis cette muraille
malencontreuse, et n'oublie pas de dénouer le cordon de ta
bourse. Paie, ô commune ! paie ; tu es une si bonne vache !
Ton *vacher* saura bien traire de tes mamelles jusqu'à la dernière goutte de leur lait.

Il est malheureusement certain, M. le maire, que la ma-
çonnerie de la fontaine n'a été ni brillante, ni solide, et que
votre réputation d'architecte reste ensevelie sous ses dé-
combres. Pourquoi vous désoler pour si peu ? J'en conviens,
votre nom ne passera pas à la postérité. Pourquoi vous en
tant émouvoir ? Vous allez faire tourner votre bile à l'aigre.
Ne croirait-on pas entendre les lamentations d'un nouveau
Jérémie ? Vos sanglots sont ronflants comme des tuyaux
d'orgue, et vos soupirs pourraient faire tourner les ailes d'un
moulin à vent. Courage donc, maire infortuné ! Mais pourquoi accuser de méchanceté vos ennemis ? — lisez, républicains. — Vous prétendez qu'ils vous harcèlent... qu'ils
conspirent contre vous... qu'ils veulent votre perte. Or, je
vous le demande, sont-ce les républicains qui sont allés
donner un coup d'épaule à cette muraille et l'ont renver-
sée ? — Non, sans doute. Soyez donc plus juste envers nous ;
c'est bien assez — c'est certainement trop — d'avoir à souf-
frir vos lubies et vos fanfaronnades.

Vous voulez, dites-vous, remplir votre mandat jusqu'au
bout... Vous parlez, M. le maire, le langage d'un maréchal
de France. C'est très bien ; je vous admire, homme présomp-
tueux... Faites donc mieux encore ; puisque vous singez à
ravir les paroles d'un haut personnage, ne faites pas la
chose à demi, et, comme lui, retirez-vous.

Pardonnez-moi si, par quelques paroles amères, je trou-
ble la sérénité de votre belle âme !

Si vous me le permettez, nous allons passer à l'inspection

des ouvrages du vieux cimetière. Cette vue dissipera, j'espère, le nuage qui assombrit votre front et y creuse des rides précoces et profondes.

Certes, je suis loin de critiquer la muraille, qui protége les sépultures contre toute profanation ; elle était même indispensable, malgré les charges qui pèsent sur le budget de la commune. Mais vous avez eu tort de le grever encore en ajoutant à ces travaux un fatras d'ornements qu'a enfantés votre cerveau creux. Bast ! que vous importent à vous quelques milliers de francs de plus ? Vous construisez un escalier qui est loin d'être monumental ; de plus, je n'entrevois pas sa raison d'être, et je constate, en passant, son inutilité, son peu d'élégance et son style grossier. Nous savons que toutes vos œuvres portent le cachet du génie, et prouvent, d'une manière irréfragable que vous êtes un savant élève de l'école des beaux-arts.. Votre pays natal s'estime heureux, Monsieur, de posséder un homme aussi distingué, et de vous compter au nombre de ses enfants. Votre *gloire*, soyez-en sûr, sera impérissable. Mais toute médaille a son revers, et celui de la vôtre n'est pas très rassurant. Il me semble que vous entreprenez beaucoup trop de travaux à la fois. Quand arrivera le quart d'heure de Rabelais, la commune sera bien forcée de payer ses dettes. Je n'ai jamais douté de sa bonne volonté. Certes, je ne suis pas son familier ; par conséquent, je ne puis connaître ses ressources financières. Je puis seulement affirmer que son coffre-fort est quelque peu en détresse.

Je passe à l'instant à un autre ordre d'idées. Vous avez agrandi le local de l'école de la ville, et je vous en félicite ; c'est sans contredit ce que vous avez fait de mieux jusqu'ici.

Mais on voit toujours chez vous le mal côtoyer le bien. Vous avez brigué les fonctions d'inspecteur-délégué, et, selon moi, vous êtes loin de remplir heureusement le mandat que l'on vous a confié. Trop d'honneurs vous écrasent ; mieux vaudrait en avoir moins.

Nous allons maintenant, Monsieur, entrer d'un plein saut

dans le domaine d'une science à laquelle je ne vous fais pas un crime d'être étranger. Je veux parler de l'hygiène publique. Je serai bref; quelques mots me suffiront. Pourtant, si vous êtes désireux de vous instruire, consultez, croyez-moi, les auteurs classiques qui ont écrit sur cette matière, ils sont nombreux, et vous n'aurez que l'embarras du choix.

De tout temps, les vidanges ont attiré l'attention du législateur et des médecins-légistes, à cause des accidents foudroyants qui surviennent chez les ouvriers chargés d'en opérer le curage et le transport. Il faut tenir compte aussi des dangers que peuvent courir les hommes habitant dans le voisinage.

Vous avez ordonné le curage des fosses d'aisance de l'école des frères. Il a lieu, je crois, une fois dans l'année; ce n'est pas assez. Eh bien ! avant de donner vos ordres, vous êtes-vous conformé aux prescriptions de la loi? — Non. Quelle mesure sanitaire avez-vous prise en prévision des accidents ? Aucune. Vous n'avez même pas employé les moyens les plus élémentaires que l'on met en usage pour neutraliser le *méphitisme*. Cependant, ils ne manquent pas : le chlorure de chaux est à la portée de tout le monde et de toutes les bourses.

Vous avez donné vos ordres aux ouvriers.... Et puis, voilà tout. Ces pauvres ouvriers ! Je les ai vus, le visage blême, les yeux hagards. Je les ai vus, péniblement courbés sur cette fosse d'infection, haletants et inquiets, respirer un air impur et délétère. « Ah ! monsieur, me disaient-ils, nous avons l'*estomac fermé* ; nous n'avons pu rien manger depuis le matin. » Pauvres ouvriers ! Une seconde suffit quelquefois pour les faire passer de vie à trépas.

Si vous connaissiez ces détails, M. le maire, vous êtes bien coupable d'avoir négligé les moyens d'atténuer les effets meurtriers de cet empoisonnement, et surtout de ne pas avoir consulté des hommes compétents.

Ce n'est pas tout. Pendant toute la journée qu'a duré le curage, la promenade et la rue qui lui est parallèle ont été empestées par des miasmes essentiellement délétères. Au lieu de porter au loin le résidu excrémentitiel, on a creusé dans le jardin des frères, et à *cinq mètres de l'école*, un fossé où on l'a entassé et recouvert de 2 à 3 centimètres de terre Quel bourbier, grand Dieu ! L'air en était vicié à tel point que des malades asthmatiques ont vu redoubler leurs souffrances. Si l'un d'eux était mort dans la nuit, on aurait eu tort de l'attribuer à la maladie ; tandis que le médecin, plus clairvoyant, eût pu à plus juste raison accuser l'incurie du maire.

Cessez donc, Monsieur, cessez de vous croire l'homme providentiel de Saint-Sulpice. Vous n'en serez jamais que le ridicule MIDAS.

ÉMILE BASTIDE

Docteur-Médecin.

Imp. Vialelle et Cᵉ, Toulouse.

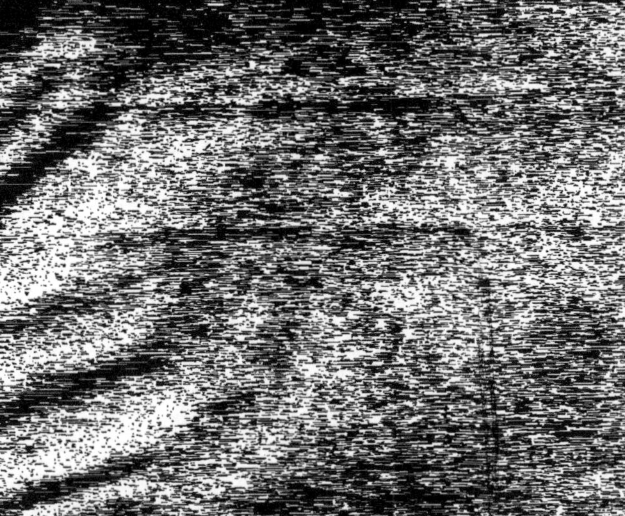

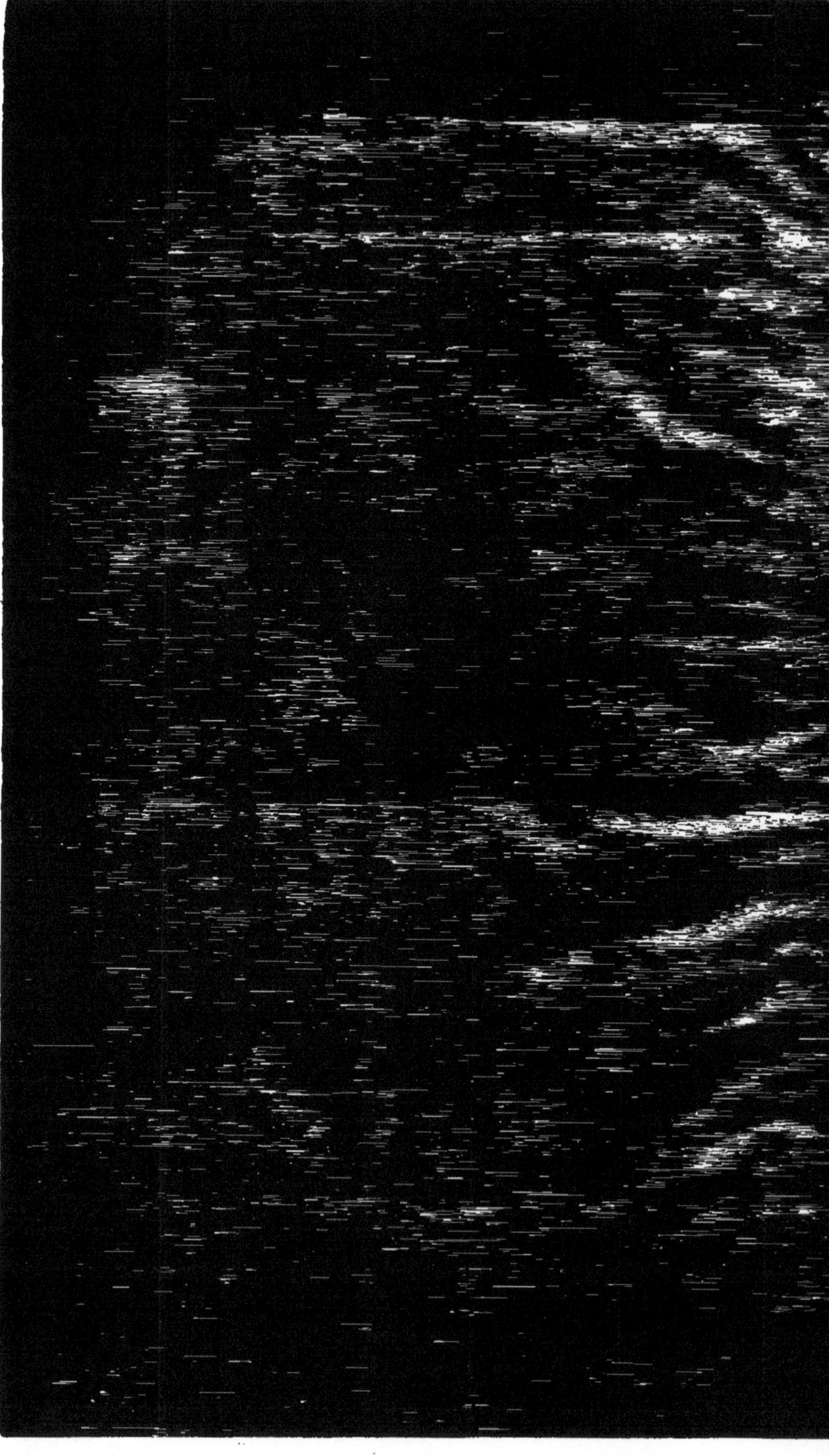

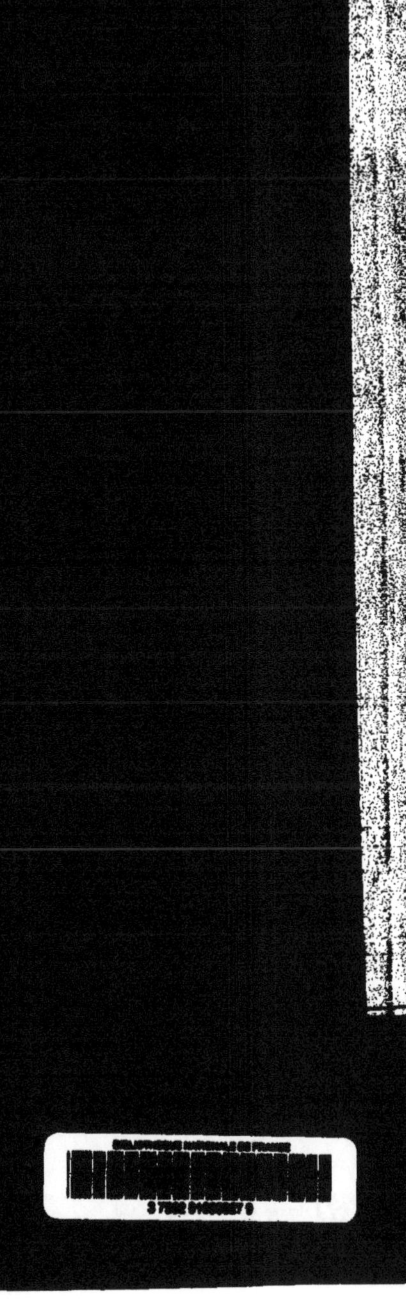